学校 - sukuu · 2
旅行 - akwantuo · 5
交通运输 - akɔneabadie · 8
城市 - kuro kɛseɛ · 10
地形 - mmɔnten so asiesie · 14
餐馆 - adidibea · 17
超市 - sotɔɔpɔn · 20
饮料 - nsa · 22
食物 - aduane · 23
农场 - afuo · 27
房子 - efie · 31
客厅 - asaso · 33
厨房 - mukaase · 35
浴室 - adwareɛ · 38
儿童房 - nkwadaa dan mu · 42
衣服 - ntaadeɛ · 44
办公室 - asoeɛ · 49
经济 - ɔman sikasɛm · 51
职业 - nwuma ahodɔɔ · 53
工具 - anwenade · 56
乐器 - nneɛma a yɛde bɔ nwom · 57
动物园 - zoo · 59
体育 - agokansie · 62
活动 - nwumadie · 63
家 - abusua · 67
身体 - nipadua · 68
医院 - ayaresabea · 72
紧急情况 - putupru · 76
地球 - Ewiase · 77
钟表 - klɔko · 79
周 - nnawɔtwe · 80
年 - afe · 81
形状 - abosuo · 83
颜色 - ahosoɔ · 84
反义词 - abirabɔ · 85
数字 - nɔma · 88
语言 - kasa ahodɔɔ · 90
谁/什么/怎样 - hwan / deɛ bɛn / ɛyɛ deɛn · 91
方位 - ɛhen · 92

Impressum
Verlag: BABADADA GmbH, Nedderfeld 112 , 22529 Hamburg
Geschäftsführer / Verlagsleitung: Harald Hof
Druck: Books on Demand GmbH, In de Tarpen 42, 22848 Norderstedt

Imprint
Publisher: BABADADA GmbH, Nedderfeld 112 , 22529 Hamburg, Germany
Managing Director / Publishing direction: Harald Hof
Print: Books on Demand GmbH, In de Tarpen 42, 22848 Norderstedt, Germany

学校

sukuu

教室
sukuudanmu
除
kyemu
186/2
黑板
twerɛ pono
校园
sukuu mu
老师
kyerɛkyerɛni
纸
krataa
书写
twerɛ
钢笔
pɛn
办公桌
ɛpono a yɛyɛ so adwuma
直尺
rula
书
nwoma
学生
sukuuni

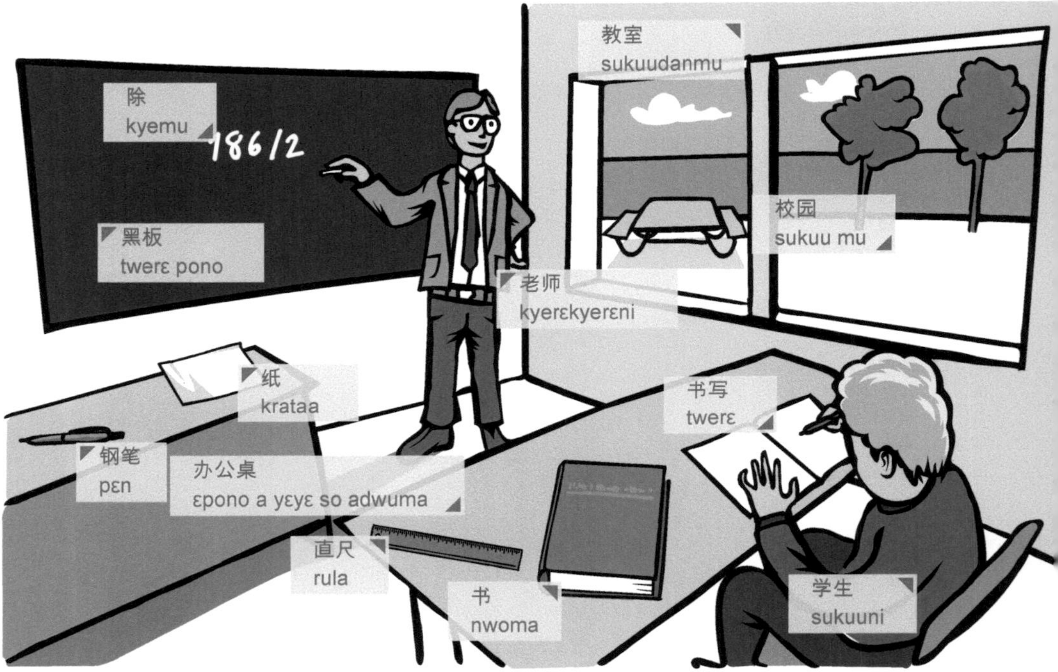

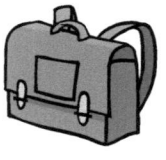

书包

baage

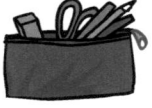

铅笔盒

twerɛdua konko

铅笔

twerɛdua

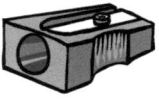

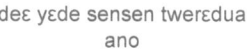

卷笔刀

deɛ yɛde sensen twerɛdua ano

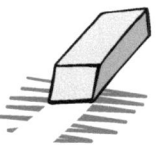

橡皮擦

rɔba

画板

krataa a yɛdwi adeguso

图画
adedwie

画笔
penti brɔhye

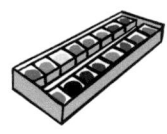

颜料盒
penti adaka

剪刀
apasɔɔ

胶水
aman

练习册
nwoma a yɛyɛ mu adwuma

家庭作业
efie adwuma

12

数字
nɔma

2+2

加
kabom

5-2

减
te fri mu

2×2

乘
mmɔho

计算
sese

A

字母
lɛtɛ

ABCDEFG
HIJKLMN
OPQRSTU
VWXYZ

字母表
ntwerɛɛ

hello

字
asɛmfua

课文

ntwerɛdeɛ

读

kenkan

粉笔

kyɔk

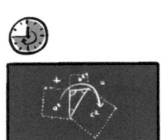

上课

adesua

登记

twerɛ wo din

考试

nsɔhwɛ

证书

abodinkrataa

校服

sukuu ataadeɛ

教育

adesua

百科全书

nyansa nwoma

大学

suapɔn

显微镜

maakroskop

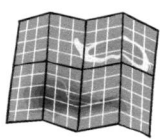

地图

map

废纸筐

kɛntɛn a yɛde krataa nwura
gu mu

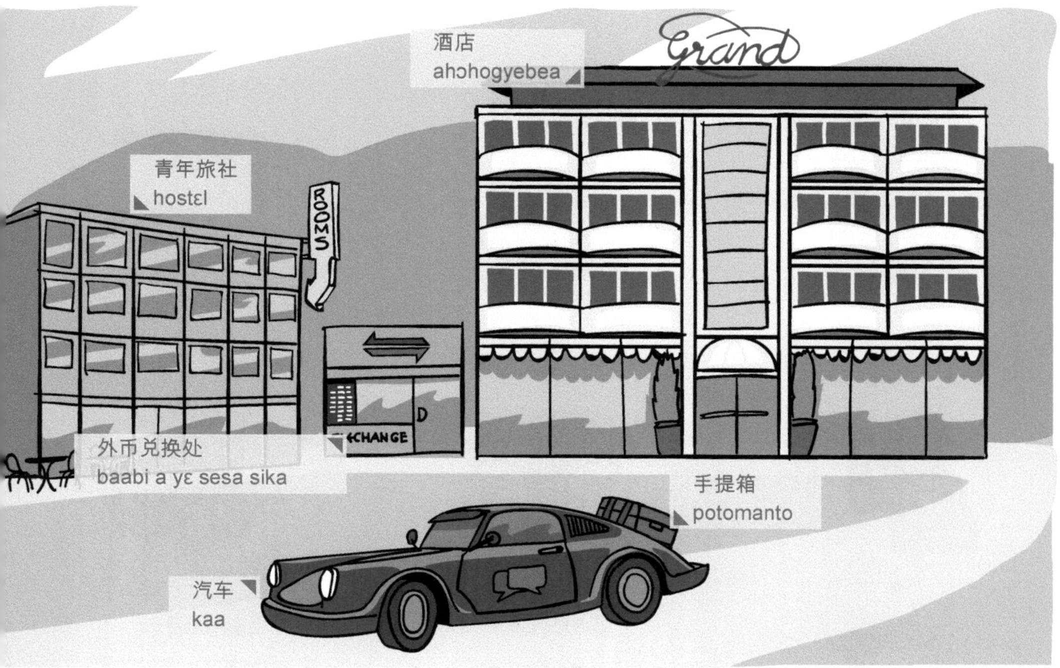

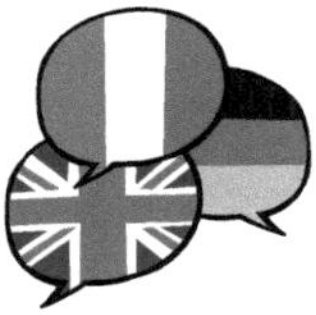

酒店
ahɔhogyebea
Grand
青年旅社
hostɛl
ROOMS
外币兑换处
baabi a yɛ sesa sika
CHANGE
手提箱
potomanto
汽车
kaa

语言

kasa

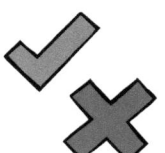

是/否

aane / dabi

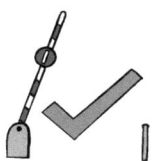

好的

Yoo

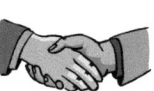

您好

hɛlo

翻译员

kasa asekyerɛfoɔ

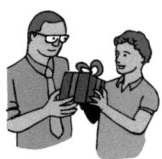

谢谢

Medaase

……多少钱？

...bɔɔ yɛ sɛn?

我不明白

Me nte aseɛ

问题

ɔhaw

晚上好！

Maadwo!

早上好！

Maakye!

晚安！

Dayie!

再见

baibai o

方向

akwankyerɛ

行李

wo nneɛma

包

bɔtɔ

双肩包

akyirebɔtɔ

客人

ɔhɔhɔ

房间

danmu

睡袋

bɔtɔ a yɛda mu

帐篷

ntomadan

旅游信息
ɔcɔkɔ nsɛm dema wɔn a wɔkɔ
nsrahwɛ

海滩
mpoano

信用卡
kaade a yɛde yi sika

早餐
anɔpa aduane

午餐
awua aduane

晚餐
anwumerɛ aduane

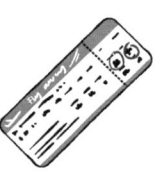

票
tiket

电梯
pegya

邮票
stamp

边界
ɛhyeɛ so

海关
kutɔmfoɔ

大使馆
embasi

签证
visa

护照
passpɔt

交通运输

akɔneabadie

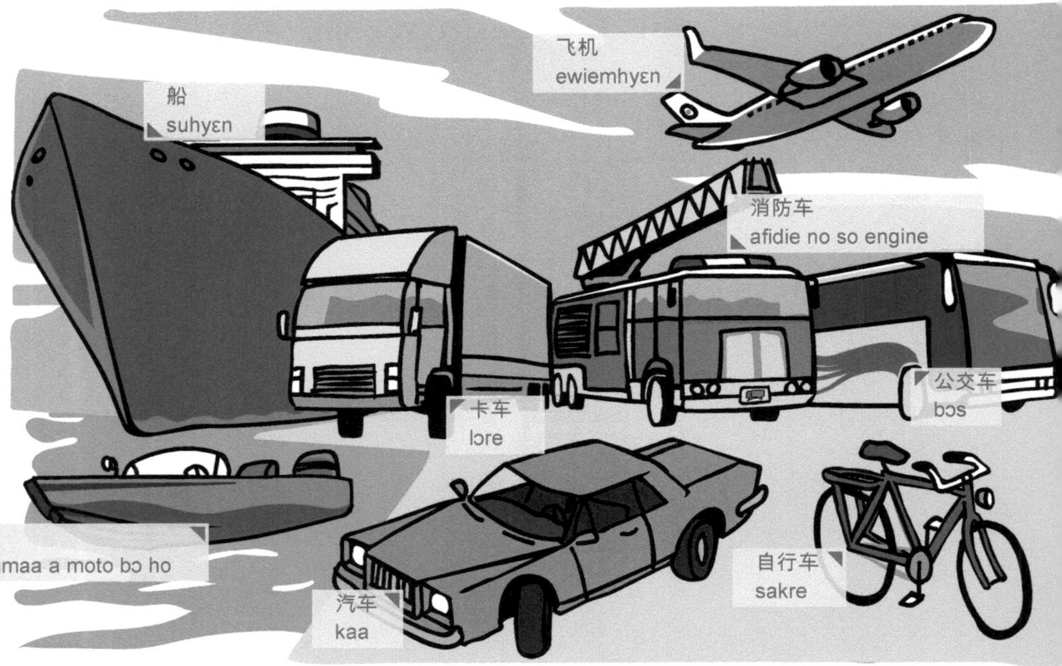

飞机
ewiemhyɛn
船
suhyɛn
消防车
afidie no so engine
公交车
bɔs
卡车
lɔre
umaa a moto bɔ ho
自行车
sakre
汽车
kaa

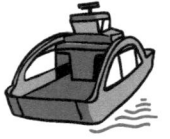

摆渡船

hyɛma

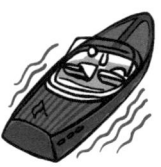

小船

suhyɛn kumaa

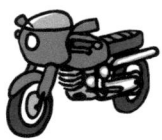

摩托车

motosakre

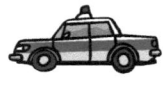

警车

polisifoɔ kaa

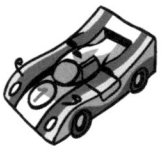

赛车

kaa a ɛkɔ mirika akansie

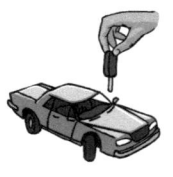

租车

kaa a yɛde ma ahan

拼车

wɔre kyɛ kaa

拖车

lɔre a asɛɛ

垃圾车

bɔɔla kaa

发动机

moto

汽油

pɛtro

加油站

baabi a yɛbu pɛtro

交通标志

trafik ahyɛnsodeɛ

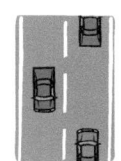

交通

trafik

交通堵塞

trafik akye

停车场

baabi a yɛde kaa esi

火车站

keteke gyinabea

轨道

keteke kwan

火车

keteke

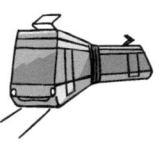

电车

tram

货车

ponkɔ kaa

直升机
helikopta

机场
ewiemhyɛnbea

塔
abansoro

乘客
apasingyani

集装箱
tontowa

纸板箱
adaka

手推车
kaate

篮子
kɛntɛn

起飞/降落
atu / asi fam

城市
kuro kɛseɛ

村庄
akurase

市中心
kuro dwaberɛ mu

房子
efie

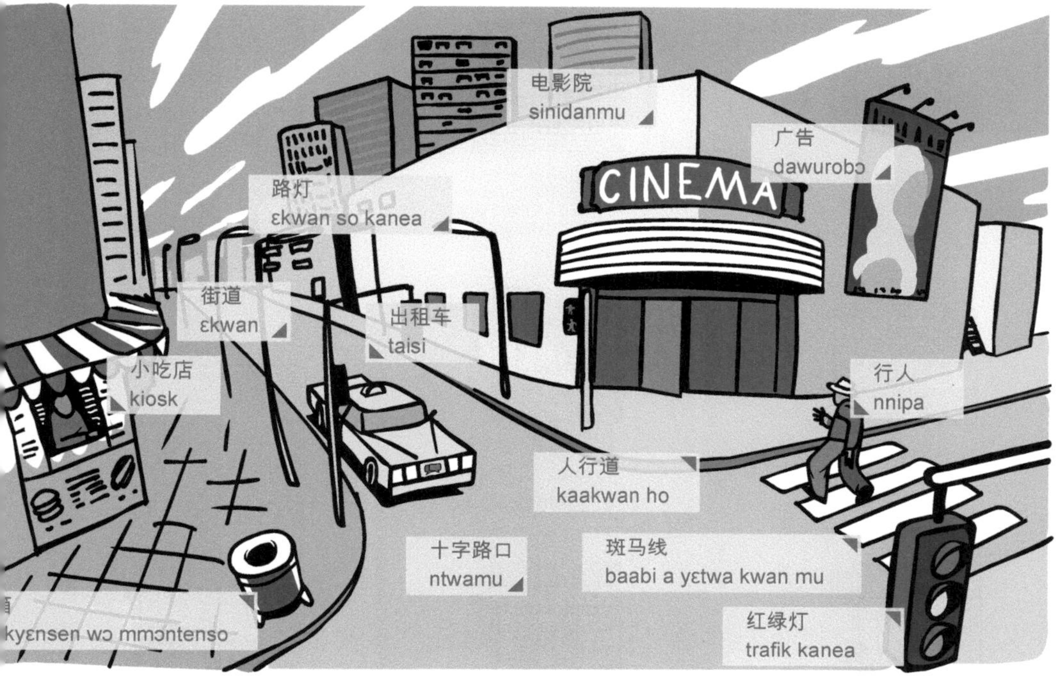
电影院
sinidanmu
CINEMA
广告
dawurobɔ
路灯
ɛkwan so kanea
街道
ɛkwan
出租车
taisi
小吃店
kiosk
行人
nnipa
人行道
kaakwan ho
十字路口
ntwamu
斑马线
baabi a yɛtwa kwan mu
kyɛnsen wɔ mmɔntenso
红绿灯
trafik kanea

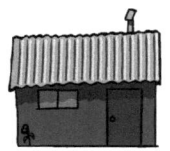

小屋

apata

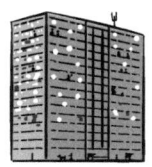

公寓

efie

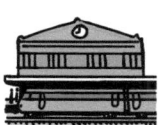

火车站

keteke gyinabea

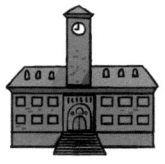

市政厅

adwaberɛm

MUSEUM

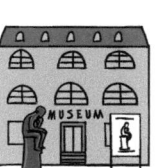

博物馆

bea a yɛ kora tete nneɛma

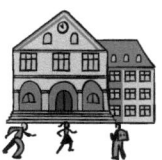

学校

sukuu

大学

suapɔn

银行

sikakrobea

医院

ayaresabea

酒店

ahɔhogyebea

药房

famasi

办公室

asoeɛ

书店

sotɔɔ a wɔtɔn nwoma

商店

sotɔɔ

花店

baabi yɛtɔn nhwiren

超市

sotɔɔpɔn

市场

edwam

百货商店

sotɔɔ kɛseɛ

鱼店

baabi a yɛtɔn mpataa

购物中心

dwadibea kɛseɛ

海港

suhyɛn gyinabea

公园
baabi kaa gyina

长凳
bɛnkye

桥
ɛtwene

楼梯
atwedeɛ

地铁
asaase ase

隧道
ɛbɔn

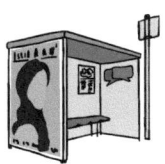

公交车站
baabi a bɔs gyina

酒吧
nsanombea

餐馆
adidibea

邮筒
lɛta adaka

路标
ɛkwan so akwankyerɛ

停车计时器
baabi kaa gyina ho mita

动物园
zoo

游泳馆
nsuo a yɛ dware mu

清真寺
nkramodan

农场

afuo

污染

deɛ egu mmɔnten so fi

墓地

asieɛ

教堂

asɔre

操场

agodibea

寺庙

asɔre dan

地形

mmɔnten so asiesie

树叶
ahaban

指示牌
sanbɔd

路
kwan

草地
asaase a ɛsere wɔ so

石头
boba

树
dua

徒步旅行者
ɔnantefoɔ

河
asubɔnten

草
ɛserɛ

花
nhwiren

峡谷

amenamu

山

bepɔ

湖

tadeɛ

森林

kwaeɛ

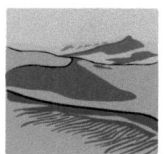

沙漠

ɛserɛ so

火山

egya a efri botan mu

城堡

abankɛseɛ

彩虹

nyankontɔn

蘑菇

emere

棕榈树

abɛtene

蚊子

ntomntom

苍蝇

tu

蚂蚁

ntɛtea

蜜蜂

wowa

蜘蛛

ananse

甲虫

amankuo

青蛙

aponkyerɛni

松鼠

opuro

刺猬

apɛsɛ

野兔

adanko

猫头鹰

patuo

鸟

anomaa

天鹅

nsuo mu dabodabo

野猪

kɔkɔte

鹿

adoa

麋鹿

ɔtweenini

水坝

dam

风力发电机

wind turbine afidie

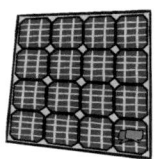

太阳能电池板

afidie a ɛkye awia

气候

wiem nsakraeɛ

餐馆

adidibea

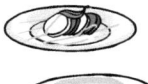

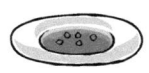

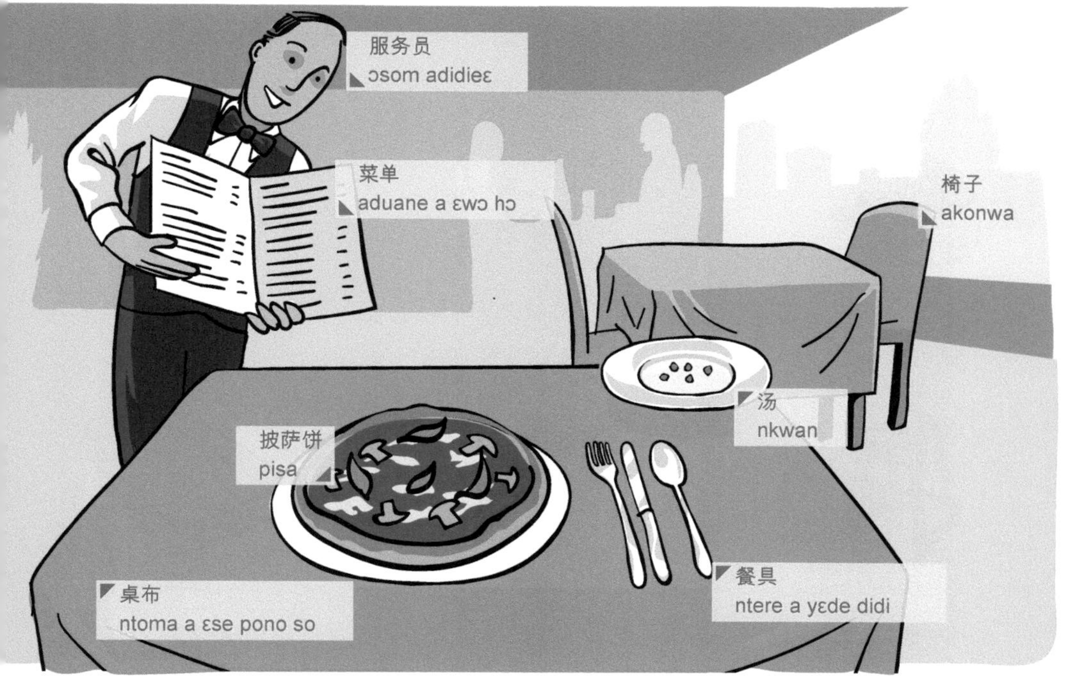
服务员
ɔsom adidieɛ
菜单
aduane a ɛwɔ hɔ
椅子
akonwa
汤
nkwan
披萨饼
pisa
餐具
ntere a yɛde didi
桌布
ntoma a ɛse pono so

前菜

mprampra anom

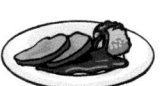

主菜

aduane no ankasa

甜点

mpa anom

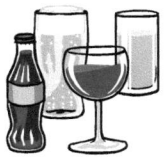

饮料

nsa

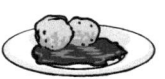

食物

aduane

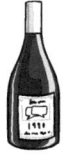

瓶子

toa

快餐

aduane hyewhyew

街边小吃

abɔnten so aduane

茶壶

tii kukuo

糖盒

asikyire konko

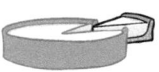

一份饭菜

wo kyɛfa

意式咖啡机

espresso afidie

高脚椅

akonwa tenten

账单

wo ka

托盘

apanpan

刀

sekan

餐叉

adinam

勺子

atere

茶匙

atere ketewa

餐巾

napkin a yɛde pepa ano

玻璃杯

glase

碟子

prɛte

汤盘

kwan kyɛnsee

碟子

prɛte ketewa

酱

abomu

盐瓶

nkyene kukuo

胡椒磨

yɛde yam mako

醋

fenega

食用油

anwa

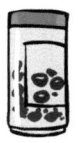

调味料

aduhwam

番茄酱

kɛkyɔp

芥末

mustad

蛋黄酱

mayones

超市

sotɔɔpɔn

特价
ntesoɔ soronko
FOR
顾客
adetɔfoɔ
乳制品
nanatwie nufusuo
水果
aduaba
购物车
hwiili

BUTCHERS

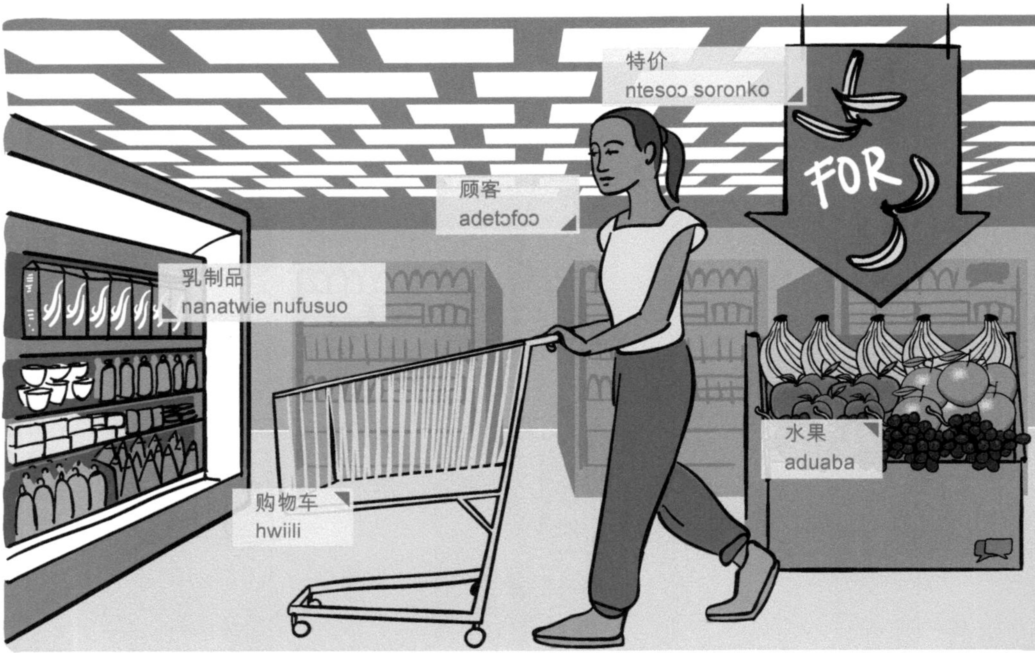

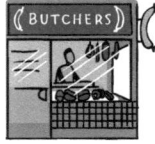

肉铺

baabi a yɛtɔn nam

BAKERY

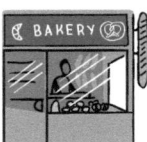

面包房

baabi a yɛtɔn paano

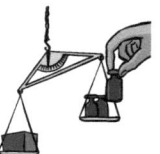

称重

susu

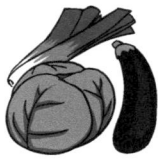

蔬菜

atosodeɛ

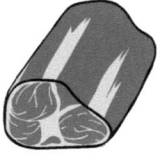

肉

nam

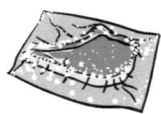

冷冻食品

frigyemu aduane

冷盘

nam a adwoɔ

罐头食品

kyɛnsee mu aduane

洗衣粉

paoda samena

甜食

adedɔkɔdɔkɔ

日用品

efie nneɛma

清洁用品

adetɔneɛ a yɛde pepa fin

销售员

nnipa a ɔtɔn adeɛ

收银机

afidie a egye sika

收银员

ɔgyegye sika

购物清单

krataa a wodi rekɔ di dwa

开放时间

berɛ a wɔde bua

钱包

sikabɔtɔ

信用卡

kaade a yɛde yi sika

袋子

baage

塑料袋

rɔba baage

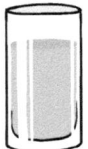

水

nsuo

果汁

aduaba mu nsuo

牛奶

nufusuo

可乐

kok

红酒

wain nsa

啤酒

biya

酒

mmorosa

可可

kokoo

茶

tii

咖啡

kofe

意式浓缩咖啡

espresso

卡布奇诺

kapukyino

香蕉

kwadu

苹果

apol

橙子

ankaa

西瓜

melon

柠檬

akutɔɔ

胡萝卜

karɔt

大蒜

garlik

竹子

pampro

洋葱

gyeene

蘑菇

mmere

坚果

nkateɛ

面条

talia

意大利面条

spageti

米饭

ɛmo

沙拉

salad

薯条

kyipis

炸土豆

abrɔdwomaa a y'akye

披萨饼

pisa

汉堡包

hambɔga

三明治

sanwekye

炸猪排

nam a dompe nnim

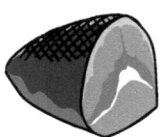

火腿

preko nam

萨拉米

nam a y'ahata

香肠

sɔsege

鸡肉

akokɔ

烤肉

toto

鱼

apataa

燕麦片

oosu koko

穆兹利

muesli

玉米片

konflese

面粉

esam

羊角面包

krossant

面包卷

paano a y'abobɔ

面包

paano

烤面包

paano a y'atoto

饼干

biskete

黄油

bɔta

凝乳

nufusuo a ada

蛋糕

keeke

蛋

kosua

煎蛋

kosua a y'akyeɛ

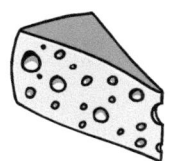

奶酪

kyiis

冰激凌

asskrim

糖

asikyire

蜂蜜

cowɜ

果酱

gyaam

巧克力酱

kyokolete

咖喱饭

kɔri

农场
afuo

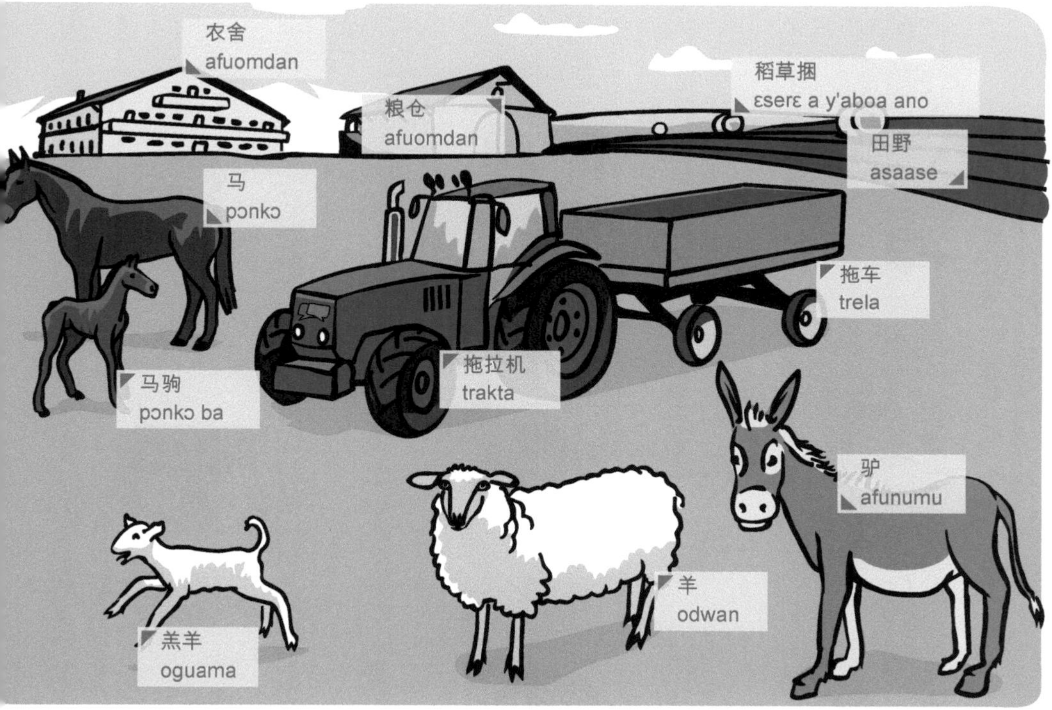

农舍
afuomdan
粮仓
afuomdan
稻草捆
ɛserɛ a y'aboa ano
田野
asaase
马
pɔnkɔ
拖车
trela
马驹
pɔnkɔ ba
拖拉机
trakta
驴
afunumu
羊
odwan
羔羊
oguama

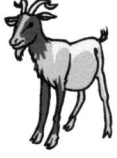

山羊

apɔnkye

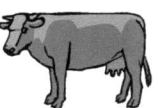

奶牛

nantwie

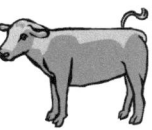

牛犊

nantwie ba

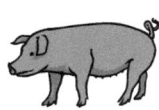

猪

prɛko

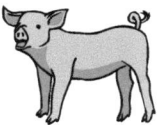

小猪

prɛko ba

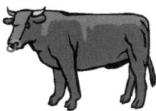

公牛

nantwinini

鹅

dabodabo nua

鸭

dabodabo

小鸡

akokɔba

母鸡

akokɔbedeɛ

公鸡

akokɔnini

鼠

kusie

猫

ɔkra

老鼠

akura

牛

nantwinini

狗

kraman

狗屋

kraman buo

花园浇水软管

afuom drobɛn

洒水壶

tontora a yɛde gu nsuo

长柄大镰刀

sekan a yɛde twa aburo

犁

funtum dadeɛ

镰刀

kontɔnkrɔ

锄头

csa

长柄草耙

afuom adinam

斧头

akuma

独轮手推车

hweebaro

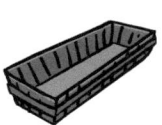

饲料槽

adidika

牛奶罐

nufusuo konko

麻布袋

bɔtɔ

栅栏

ɛban

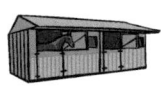

马厩

pɔnkɔ dan

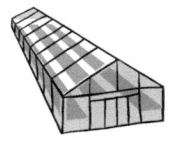

温室

ntomadan a yɛyɛ mu afuo

土壤

anwea

种子

aba

肥料

ɔyɛ asaaseyie

联合收割机

otwaberɛ trakta

收割

twa

收割

otwaberɛ

山药

bayerɛ

小麦

ayuo

大豆

soya

土豆

abrɔdwomaa

玉米

aburo

油菜籽

repu aba

果树

dua a ɛso aba

树薯

bankye

谷物

aburo asefoɔ

房子

efie

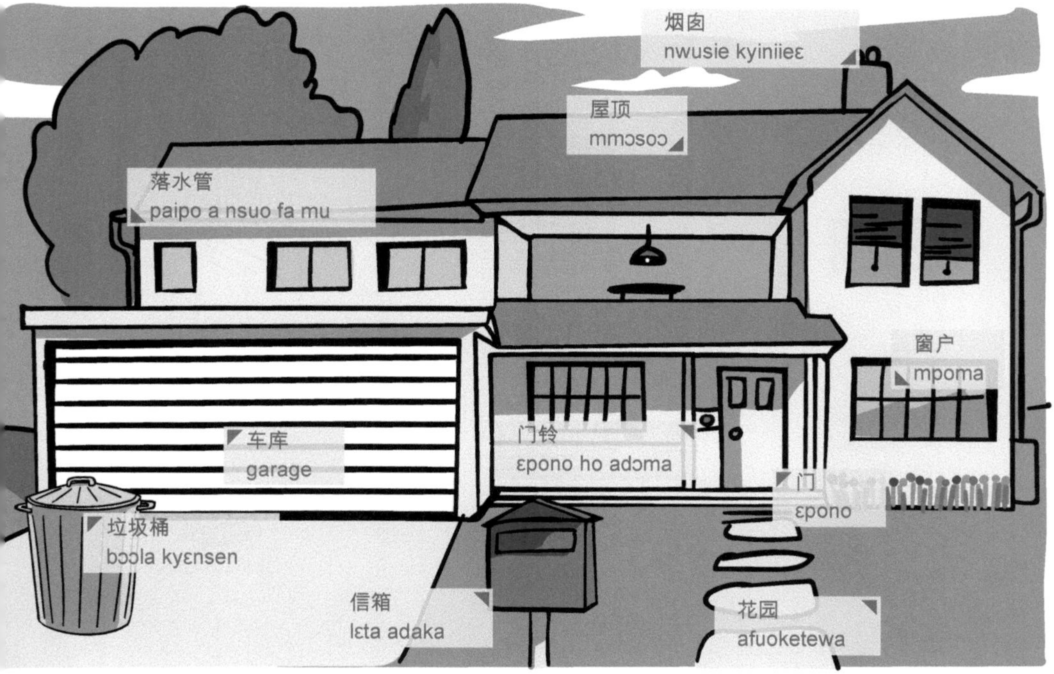

烟囱
nwusie kyiniieɛ
屋顶
mmɔsoɔ
落水管
paipo a nsuo fa mu
窗户
mpoma
车库
garage
门铃
ɛpono ho adɔma
门
ɛpono
垃圾桶
bɔɔla kyɛnsen
信箱
lɛta adaka
花园
afuoketewa

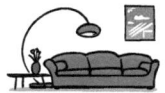

客厅

asaso

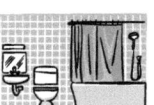

浴室

adwareɛ

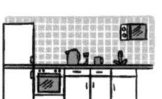

厨房

mukaase

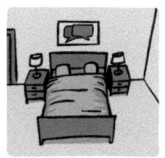

卧室

pie mu

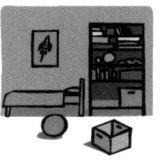

儿童房

nkwadaa dan mu

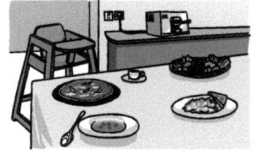

餐厅

dan a yɛdidi mu

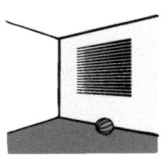

地板

εfam

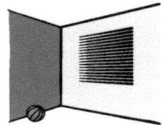

墙壁

εban

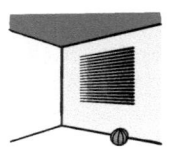

吊顶

abruuso

地窖

danbloo

桑拿

adwereε a εbɔ ɔhyew

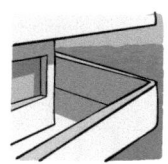

阳台

abranaa

露台

abranaaso

游泳池

nsuo a yεdware mu

割草机

afidie a yεde dɔ

被单

nsεfam

床罩

ntoma a εse kεtε so

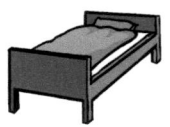

床

mpa

扫帚

prayε

水桶

bokiti

开关

dane

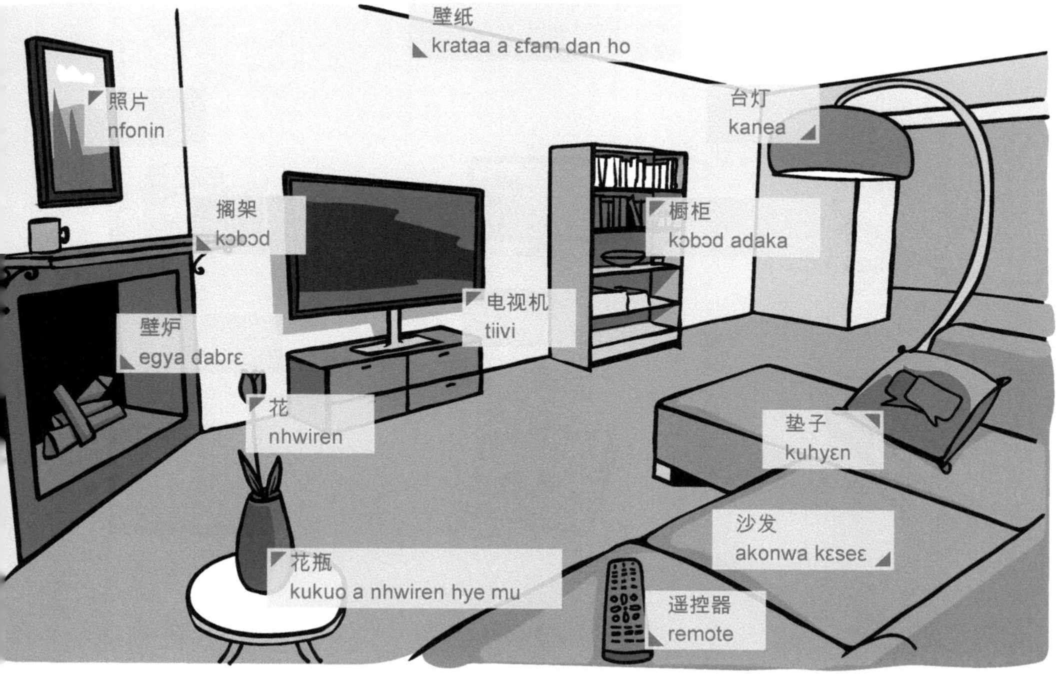

壁纸
krataa a ɛfam dan ho

照片
nfonin

台灯
kanea

搁架
kɔbɔd

橱柜
kɔbɔd adaka

电视机
tiivi

壁炉
egya dabrɛ

花
nhwiren

垫子
kuhyɛn

沙发
akonwa kɛseɛ

花瓶
kukuo a nhwiren hye mu

遥控器
remote

地毯
kapɛte

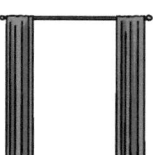

窗帘
ntwaa dan mu

餐桌
ɛpono

椅子
akonwa

摇椅
akonwa a ehinhim

扶手椅
akonwa a yɛgyegye dan

书
nwoma

毯子
kuntu

装饰品
dan mu nsiesie

木柴
egya

电影
sini

高保真音响
wailɛs

钥匙
safoa

报纸
koowaa krataa

油画
nfonin a y'adwi

海报
nfam danho

收音机
radio

笔记本
krataa a yɛ twere mu

吸尘器
afidie a ɛprapra

仙人掌
kaktus

蜡烛
kyɛnere

厨房
mukaase

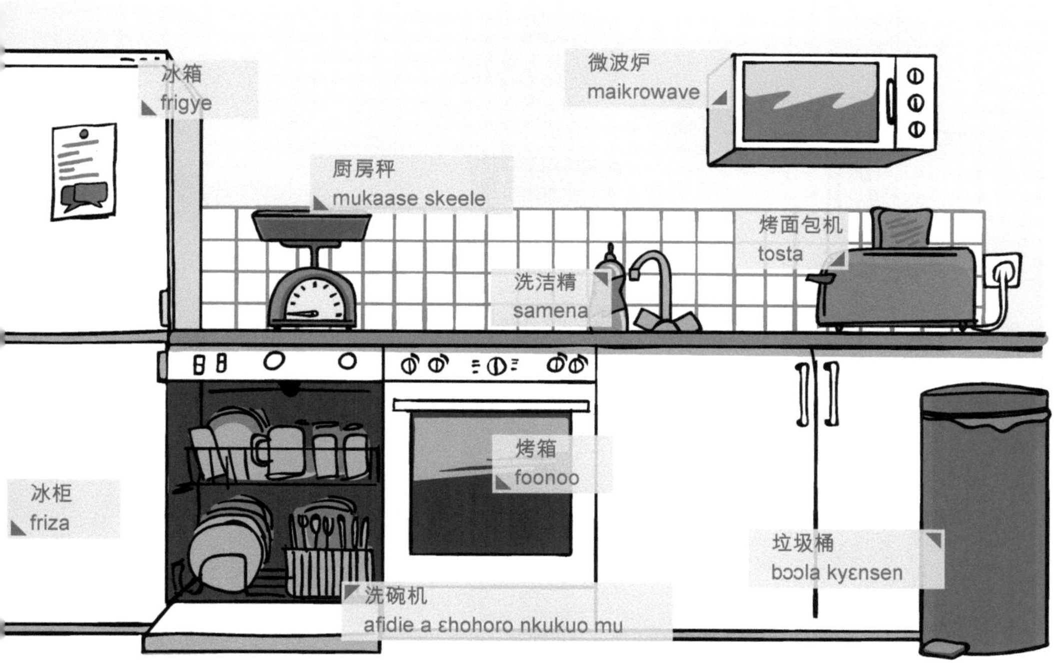

冰箱
frigye
微波炉
maikrowave
厨房秤
mukaase skeele
烤面包机
tosta
洗洁精
samena
烤箱
foonoo
冰柜
friza
垃圾桶
bɔɔla kyɛnsen
洗碗机
afidie a ɛhohoro nkukuo mu

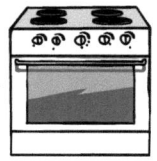

炊具

abɛɛfo bukyea

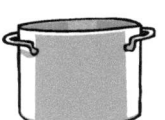

锅

kokuo

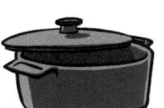

铸铁锅

dadesɛn

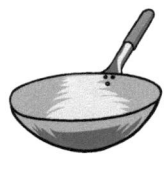

炒锅

wok / kadai

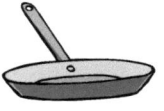

平底锅

kyɛnsee

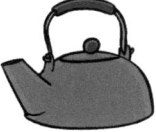

水壶

nsuo hyeɛ afidie

蒸锅

stiima

烤盘

apa a yɛ to so adeɛ

陶瓷锅

prɛte, kuruwa, ntere ne nea ɛkeka ho

马克杯

kuruwa a etumi bɔ

碗

kyɛnsee

筷子

nnua a yɛde didi

长柄勺

kwantre

铲子

dua atere

搅拌器

yɛde nu adeɛ mu

滤网

sɔneɛ

筛子

fefe

磨碎机

greta

研钵

waduro

烧烤

kyinkyinga

明火

bukyea

菜板

εpono a yε twitwaso adeε

擀面杖

εta

开瓶器

deε yεtu nsa so

罐子

konko

开罐器

deε yεde bue konko so

隔热手套

yεde sɔ kukuo mu

水槽

sink

刷子

brɔhye

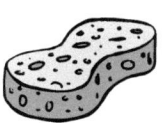

海绵

sapɔ

搅拌机

aduane yam fidie

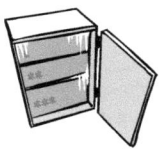

冷藏箱

friza nini

奶瓶

toa a abɔdoma nom ano

水龙头

paipo

浴室

adwareɛ

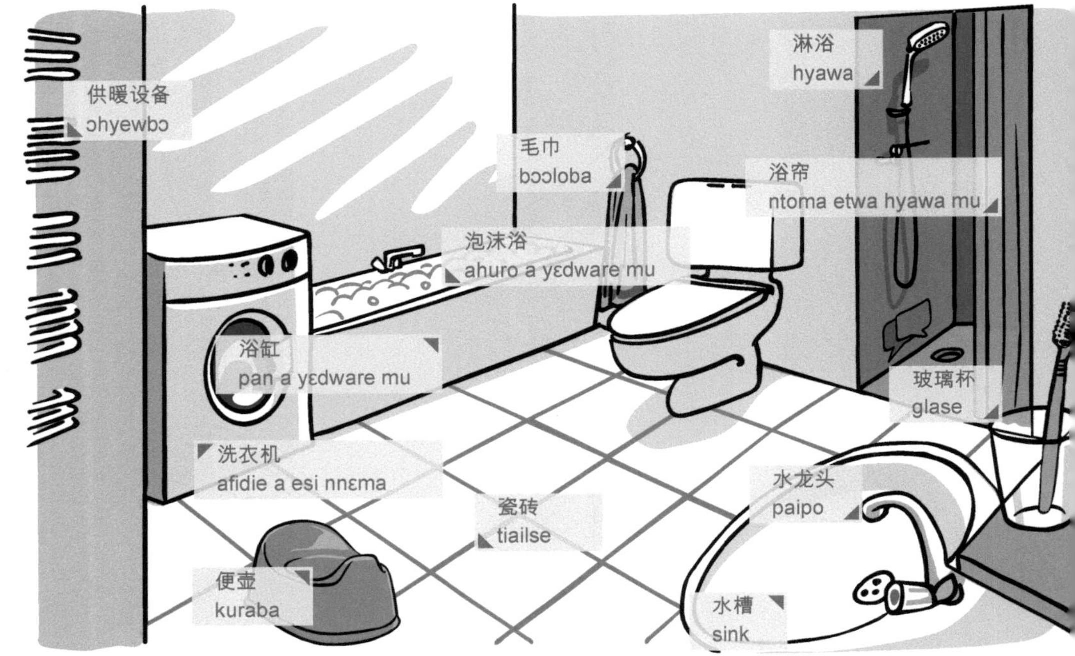

供暖设备
ɔhyewbɔ
毛巾
bɔɔloba
淋浴
hyawa
浴帘
ntoma etwa hyawa mu
泡沫浴
ahuro a yɛdware mu
浴缸
pan a yɛdware mu
玻璃杯
glase
洗衣机
afidie a esi nnɛma
瓷砖
tiailse
水龙头
paipo
便壶
kuraba
水槽
sink

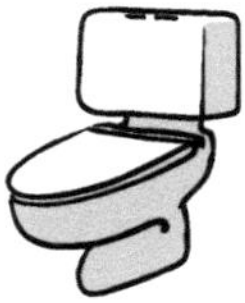

厕所

teɛfi

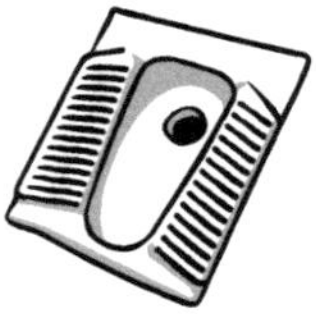

蹲便器

teɛfi a yɛ koto so

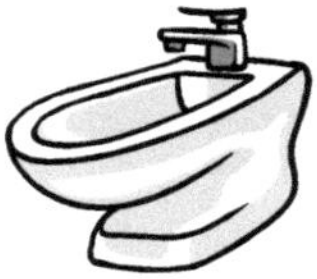

坐浴器

bidet teɛfi

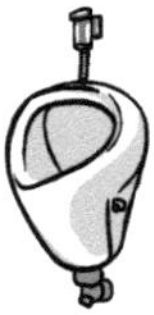

小便池

dwonsɔ dan

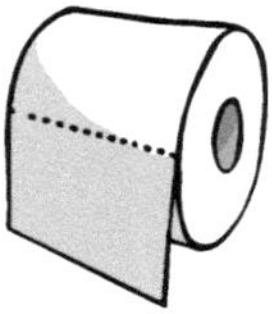

厕纸

teɛfi so krataa

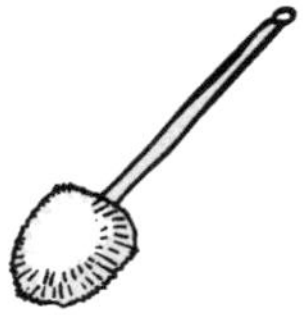

马桶刷

teɛfi so brɔhye

牙刷

brɔhye a yɛde twitwiri see

牙膏

aduro a yɛde twitwiri see

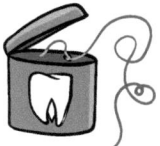

牙线

yɛde yiyi ɛsee mu

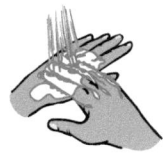

洗

si

手持式喷淋头

hyawa a yɛsɔ mu

冲洗器

paipo a yɛde hohoro
ananmu

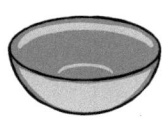

洗脸盆

bokiti

擦背刷

brɔhye a wode dware w'akyi

肥皂

samena

沐浴露

hyawa samena

洗发水

nsuo samena

法兰绒

flanɛl ntoma

排水

baabi a nsu fa pue

乳霜

nku

除臭剂

yɛde fefa amotoamu

镜子

ahwehwɛ

手镜

ahwehwɛ a yɛsɔ mu

剃须刀

bled

剃须泡沫

ahuro a yɛde yi nwi

须后水

aduro a yɛde fefa baabi a
wo ayi nwi

梳子

afen

刷子

brɔhye

吹风机

afidie a ɛwo nwi

喷发定型剂

enwi sopre

化妆品

pɔns

唇膏

lipstike

指甲油

penti a yɛde mɔreɛ so

化妆棉

asaawa

指甲剪

apasoɔ a etwa mmɔreɛ

香水

aduhwam

洗漱包

adwareɛ baage

凳子

edwa

计重秤

skele

浴袍

adwereɛ ataadeɛ

橡胶手套

rɔba a yɛde hyɛ nsa ho

卫生棉条

tampon

卫生巾

abɛɛfo amonsen

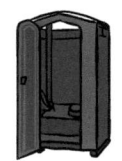

化学厕所

teɛfi a aduro gum

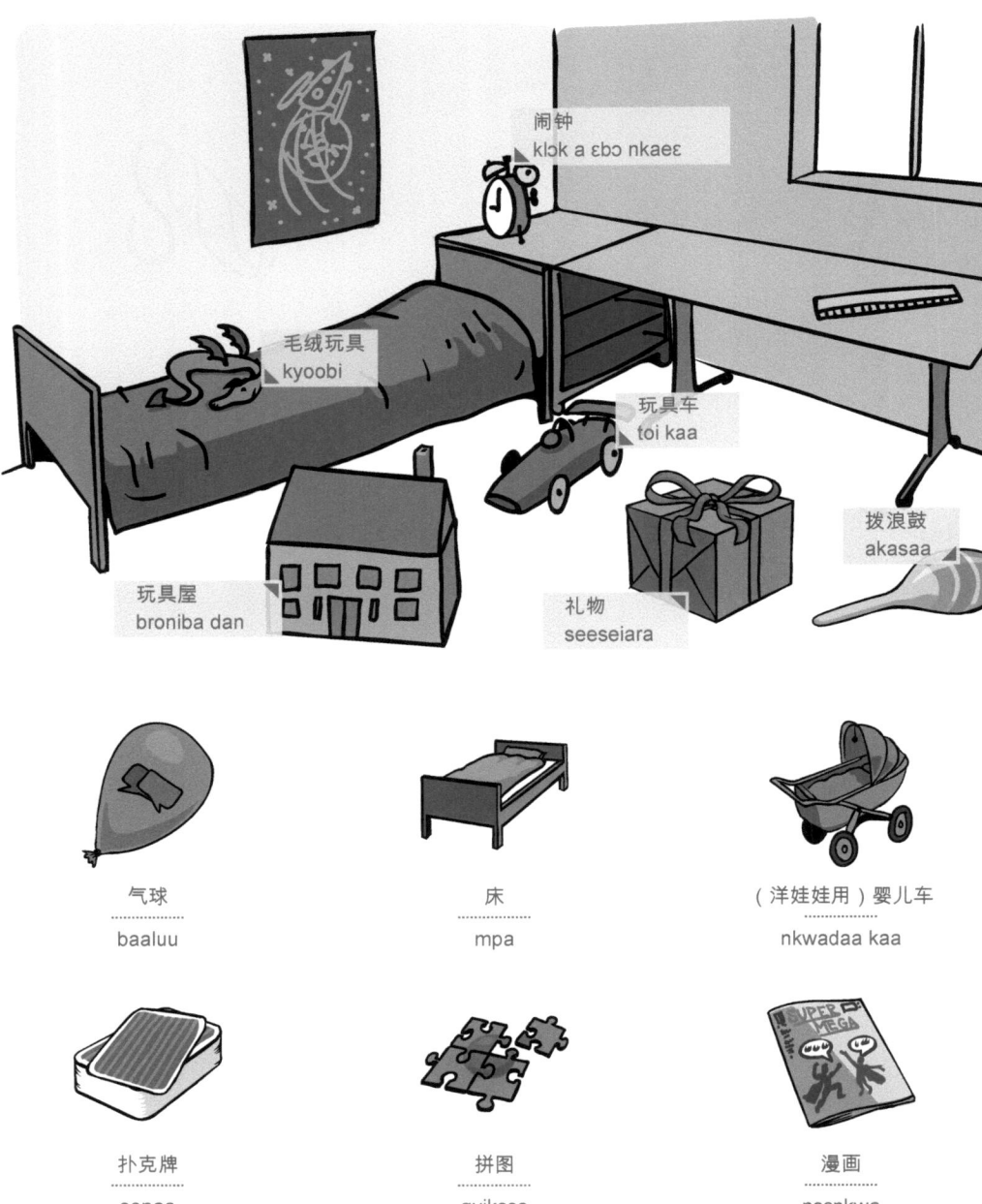

闹钟
klɔk a ɛbɔ nkaeɛ

毛绒玩具
kyoobi

玩具车
toi kaa

拨浪鼓
akasaa

玩具屋
broniba dan

礼物
seeseiara

气球
baaluu

床
mpa

（洋娃娃用）婴儿车
nkwadaa kaa

扑克牌
sopaa

拼图
gyiksɔɔ

漫画
nsɛnkwa

乐高积木

lego blɔg

积木玩具

blɔg a yɛde si dan

玩具人

nnipa ɔbɔhye

婴儿服

abɔdoma ataadeɛ

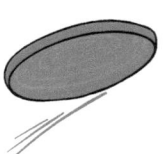

飞盘

frisbee

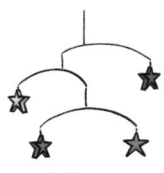

床铃玩具

mobail

棋盘游戏

ponoso agodie

骰子

daahye

火车模型

nkwadaa keteke

安抚奶嘴

koliko

聚会

apontoɔ

绘本

nfonin nwoma

球

bɔɔlɔ

洋娃娃

broniba

玩

di agorɔ

沙坑

anwea adaka

秋千

adonko

玩具

tois

游戏机

video agodie apaawa

三轮车

sakre a ne nan mɛɛnsa

泰迪熊

kyoobi

衣柜

wɔdropo

衣服

ntaadeɛ

袜子

sɔks

长袜

stokens

紧身裤

sekentait

围巾
duku

皮带
bɛlɛte

雨伞
kyiniɛɛ

T恤
t-hyɛɛt

运动鞋
kamboo

靴子
mpaboa

拖鞋
kyalewate

凉鞋
asopatre

鞋
mpoboa

雨靴
rɔba mpaboa

内裤
ɛtam

胸罩
bra

背心
singlɛte

衣服 - ntaadeɛ

身体

nipadua

裤子

trɔsa

牛仔裤

gyins

短裙

sekɛɛt

女式衬衫

ɛsoro ataadeɛ

衬衫

hyɛɛte

套头衫

nkatoho a ɛko awɔ

卫衣

hoodie

西装夹克

koot

夹克

nkatasɔɔ

外套

nkatasɔɔ

雨衣

nsutɔ mu nkataho

套装

dwumadie bi ho ataadeɛ

连衣裙

mmaa atadeɛ

婚纱

ayefrɔ ataadeɛ

西装
kootu

睡袍
mmaa ataadeɛ a yɛde da

睡衣
pigyamas ataadeɛ

莎丽
sari

头巾
duku

包头巾
abotire

波卡
burka

卡夫坦
kaftan

(阿拉伯式)长袍长袍
nkramofɔɔ mmaa atadeɛ

泳衣
ataadeɛ a yɛde dware nsuo

男式泳裤
asenemu ataadeɛ

短裤
nika

运动服
agokansie ntaadeɛ

围裙
akatasoɔ

手套
nsa nkataho

纽扣

bɔtom

眼镜

sopɛɛse

手链

ahwneɛ

项链

komadeɛ

戒指

kawa

耳环

asomadeɛ

便帽

ɛkyɛ

衣架

yɛde koot sɛn so

帽子

ɛkyɛ

领带

abɔmene mu

拉链

zip

头盔

ɛkyɛ denden

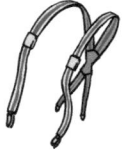

背带

bresis

校服

sukuu ataadeɛ

制服

adwuma ataadeɛ

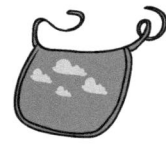

围兜

mmɔfra bib

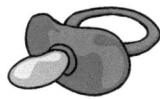

安抚奶嘴

koliko

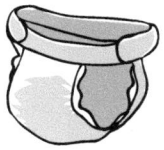

尿不湿

nkwadaa napken

办公室

asoeɛ

服务器
sɛɛva
文件柜
kabenɛt
打印机
printa
纸
krataa
显示屏
monita
鼠标
Maws
办公桌
ɛpono a yɛyɛ so adwuma
文件夹
nhyemu
键盘
ntwerɛeɛ pono
a yɛde krataa nwura gu mu
椅子
akonwa
电脑
komputa

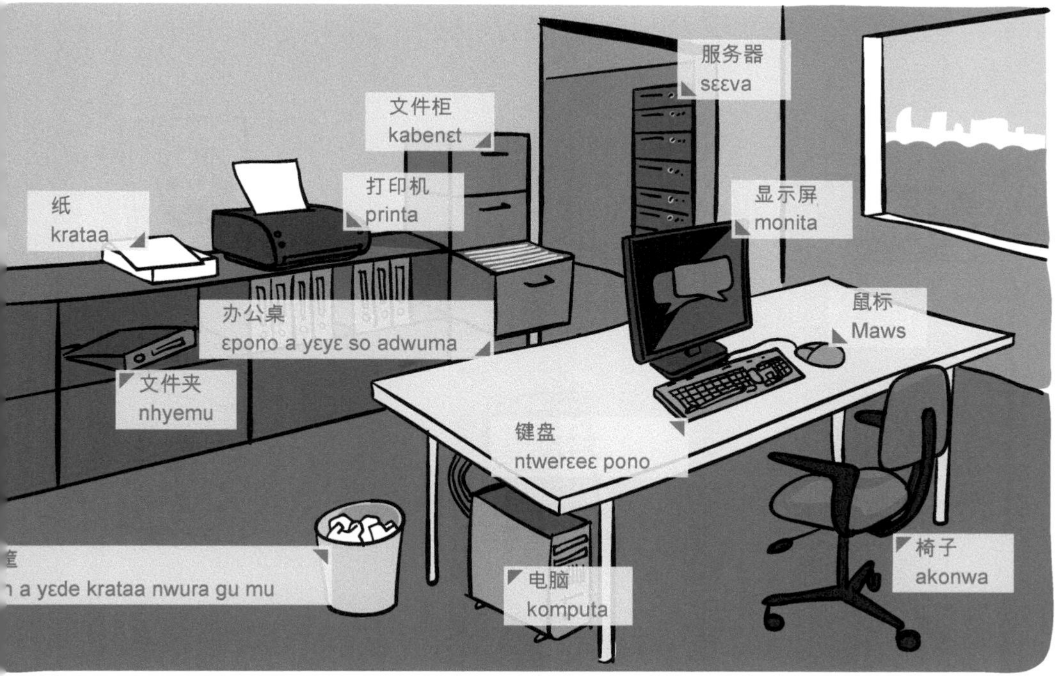

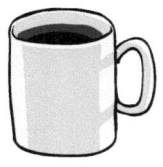

咖啡杯

kɔfe kuruwa

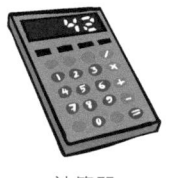

计算器

akontabuo fidie

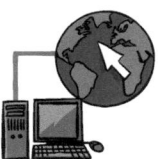

因特网

intanɛt

笔记本电脑

laptop

信件

lɛta

消息

nkratɔɔ

手机

mobail kasafidie

网络

nɛtwɛke

复印机

fotokɔpi

软件

softwɛɛ

电话

tetefon

插座

sɔkɛt

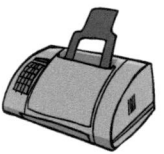

传真机

faks afidie

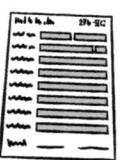

表格

katraa

文件

nkrataa

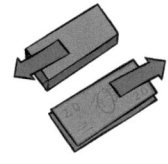

买

tɔ

付钱

tua

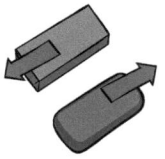

交易

di dwa

现金

sika

美元

dollar

欧元

euro

日元

yen

卢布

rubel

瑞士法郎

Swiss franks

人民币

renminbi yuan

卢比

rupii

提款处

baabi yɛtua sika

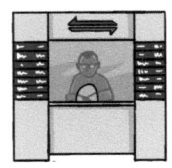

外币兑换处

baabi a yɛ sesa sika

金

sika kɔkɔɔ

银

dwetɛ

石油

now

能源

ahɔɔden

价格

ne boɔ

合同

kontragye

税金

ɛtoɔ

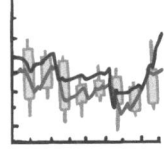

股票

stɔk

工作

adwuma

职员

adwumayɛni

老板

adwumawura

工厂

mfididwuma mu

商店

sotɔɔ

职业

nwuma ahodoɔ

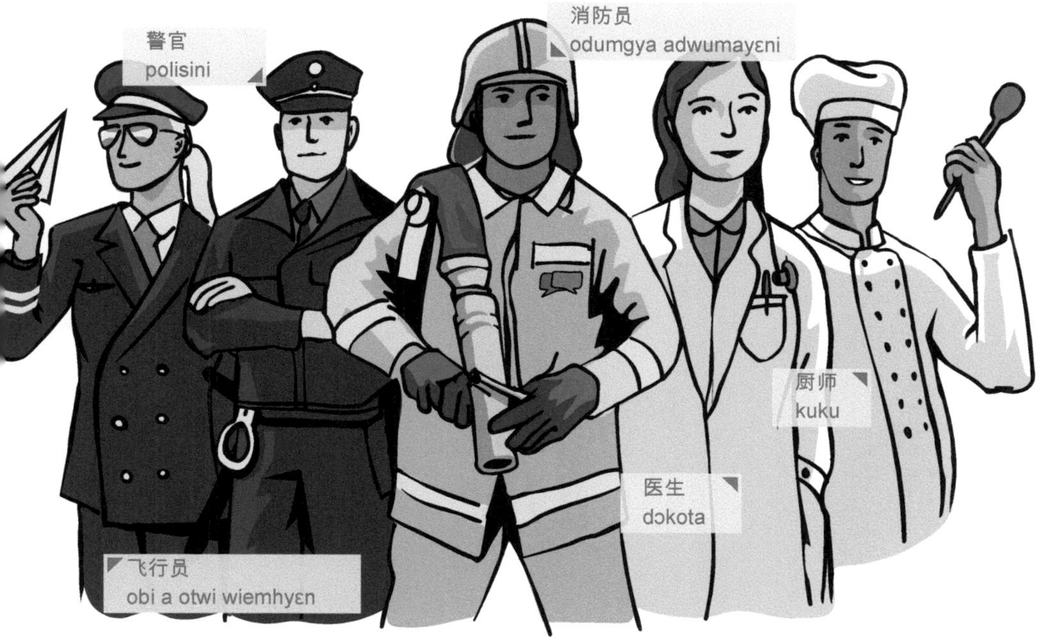

消防员
odumgya adwumayɛni
警官
polisini
厨师
kuku
医生
dɔkota
飞行员
obi a otwi wiemhyɛn

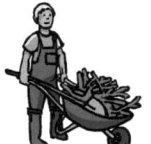

园丁

ɔyɛ afuo

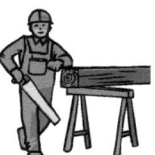

木匠

dua dwomfoɔ

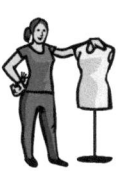

裁缝

adepani baa

法官

atɛnmuafoɔ

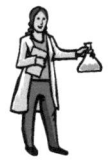

化学家

ɔtɔn nnuro

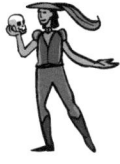

演员

sini yɛfoɔ

公交车司机

bɔs drɔba

出租车司机

taisi drɔba

渔夫

ɔpofoɔ

清洁女工

ɔbaa a osiesie fie

屋顶工

ɔbɔdanso

猎人

bɔmɔfoɔ

画家

penta

服务员

ɔsom adidieɛ

面包师

ɔto paano

电工

ɔyɛ nkaneɛ ho adwuma

建筑工人

ɔdansifoɔ

工程师

inginia

屠夫

ɔdwa nam

水管工

plɔmba

邮递员

krataa manefoɔ

士兵
sogyani

建筑师
ɔdwi adan

收银员
ɔgyegye sika

花农
ɔtɔn nhwiren

理发师
ɔyɛ tire

售票员
meeti

机械师
fitani

船长
nnipa a otwi suhyɛn

牙医
ɛsee dɔkota

科学家
abɔdeɛ mu nimdefoɔ

拉比
rabi

伊玛目
kramo panin

和尚
ɔfɔɛ

牧师
osofo

工具

anwenade

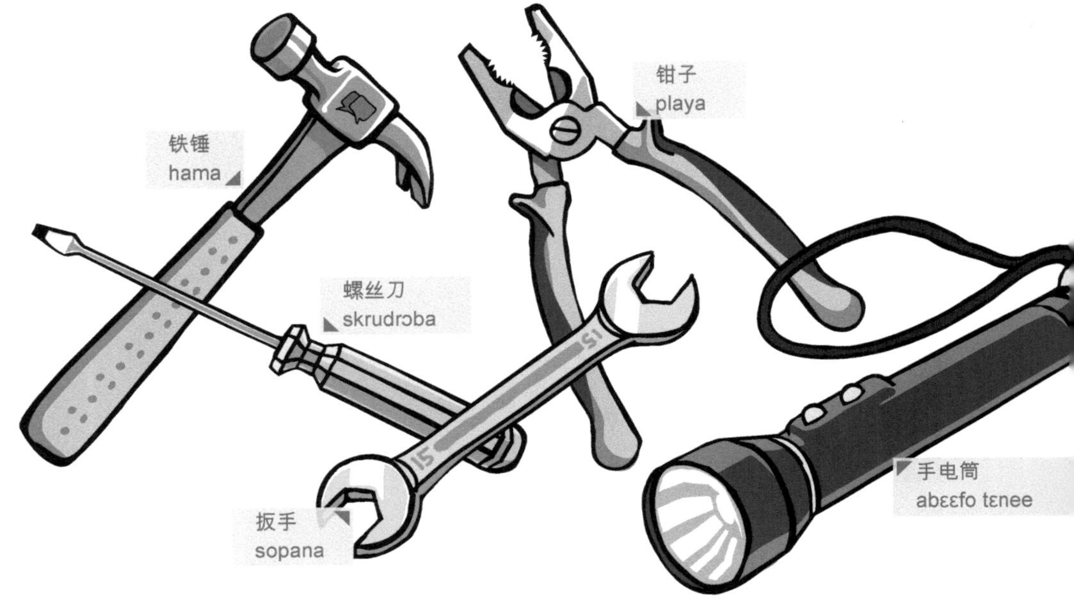

钳子
playa
铁锤
hama
螺丝刀
skrudrɔba
手电筒
abɛɛfo tɛnee
扳手
sopana

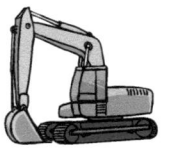

挖掘机

otu amena

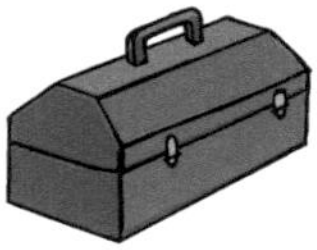

工具箱

anwenade adaka

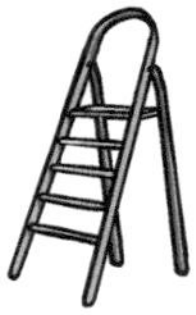

梯子

atwedeɛ

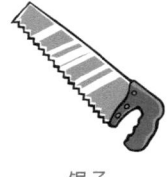

锯子

asradaa

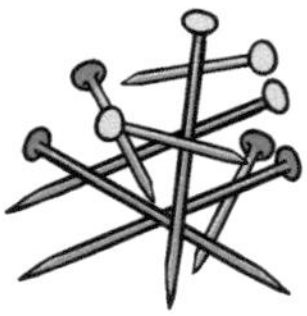

钉子

nnadewa

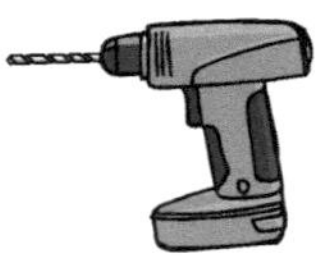

钻机

afidie a yɛde bɔne tokro

修
siesie

铲子
sofi

靠！
Ebei!

簸箕
asanwura

油漆桶
penti kukuo

螺丝
skruu

乐器
nnɛɛma a yɛde bɔ nwom

打击乐器
nneama a yɛde bɔ ntwene

扬声器
msopika a anoyɛden

低音提琴
bass dwitae kɛseɛ

小号
abɛn

吉他
dwitae

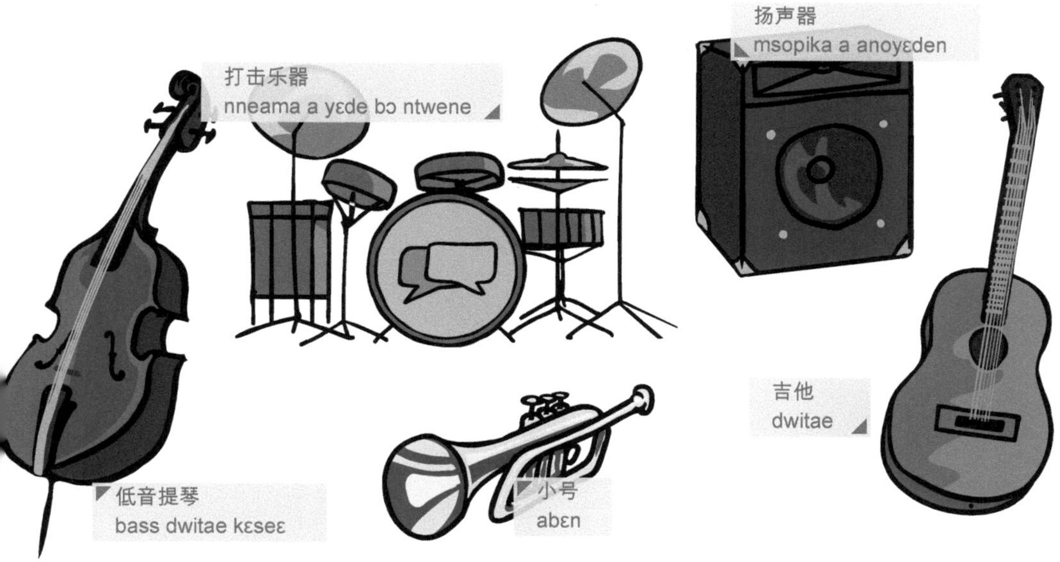

钢琴

sankuo

小提琴

ahoma sankuo

贝斯

bass dwitae

定音鼓

atumpan

鼓

ntwene

电子琴

ntwerɛɛ apa

萨克斯管

saksofon

长笛

atentenbɛn

麦克风

maikrofon

乐器 - nneɛma a yɛde bɔ nwom

动物园

ZOO

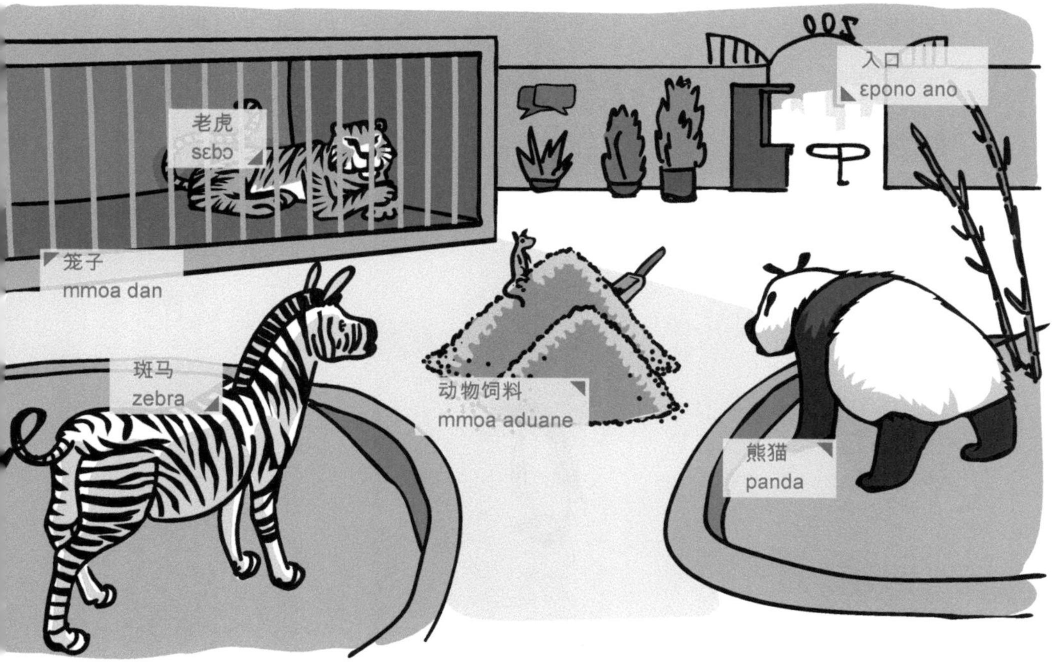

入口
ɛpono ano
老虎
sɛbɔ
笼子
mmoa dan
斑马
zebra
动物饲料
mmoa aduane
熊猫
panda

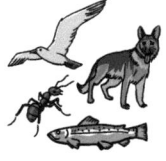

动物

mmoa

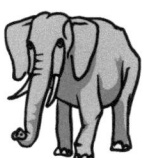

大象

ɔsono

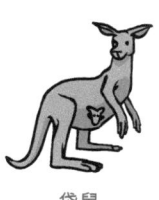

袋鼠

kangaru

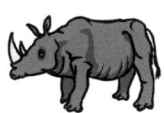

犀牛

raino

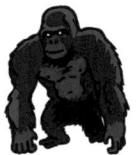

大猩猩

akatea

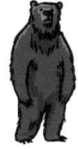

熊

sisire

骆驼

afunupɔnkɔ

鸵鸟

sohori

狮子

gyata

猴子

adwee

火烈鸟

flamingo

鹦鹉

ako

北极熊

awɔ mu sisire

企鹅

penguin

鲨鱼

oboodede

孔雀

akɔkonini abankwa

蛇

wɔwɔ

鳄鱼

dɛnkyɛm

动物园管理员

nnipa ɛhwɛ zoo so

海豹

nsuo mu gyata

美洲豹

sebɔ

矮种马

ponkɔ ba

豹

etwie

河马

susuono

长颈鹿

kɔntenten

老鹰

ɔkɔdeɛ

野猪

kɔkɔte

鱼

apataa

龟

sudandan

海象

walrus

狐狸

sakraman

羚羊

ɔtwee

橄榄球
Amerikafoɔ futbɔɔlo

骑自行车
skre twie

网球
tennis

篮球
basketbɔɔlo

游泳
nsuom adwareɛ

拳击
akutruku

冰球
asukɔkyea so hɔki

英式足球
futbɔl

羽毛球
badmintin

田径
mirikatuo

手球
bɔɔlo a yɛde nsa bɔ

滑雪
skii

马球
polo

跳
huri

唱
to dwom

拥抱
bam

笑
sere

走路
nante

做梦
so daeɛ

祈祷
bɔ mpaeɛ

亲吻
fe ano

书写
twerɛ

画
dwi

展示
kyerɛ

推
pia

给
ma

拿
fa

有
nya

做
yɛ

当
yɛ

站
gyina

跑
tu mirika

拉
twe

扔
to

摔倒
tɔ fam

躺
da hɔ

等待
twɛn

携带
soa

坐
tenase

穿衣
hyɛ ataadeɛ

睡觉
da

醒来
nyane

看

hwɛ

哭

su

抚摸

san ho

梳头

nunum

交谈

kasa

明白

te aseɛ

问

bisa

听

tie

喝

nom

吃

didi

清理

yɛ nsiesie

爱

ɔdɔ

做饭

noa

开车

twi

飞

tu

航行

fa nsuo so

计算

sese

读

kenkan

学习

sua

工作

adwuma

结婚

ware

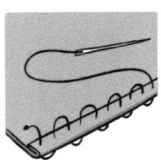

缝

pam

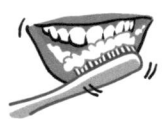

刷牙

twitwiri wo se

杀

kum

抽烟

nom gyɔt

寄

mane

家

abusua

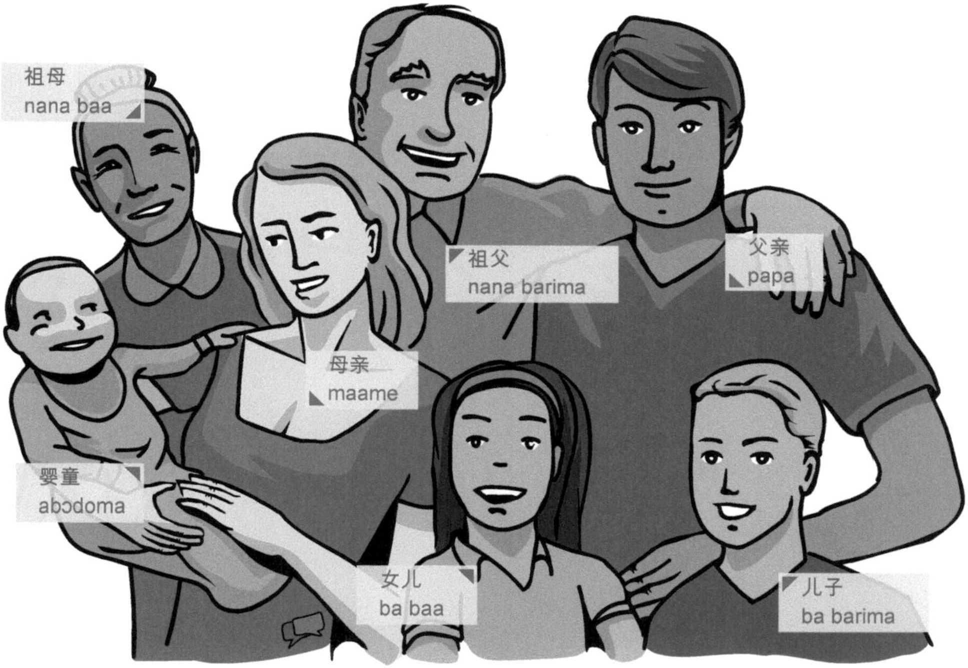
祖母
nana baa
祖父
nana barima
父亲
papa
母亲
maame
婴童
abɔdoma
女儿
ba baa
儿子
ba barima

客人

ɔhɔhoɔ

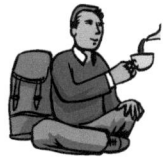

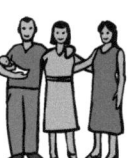

阿姨

sewaa

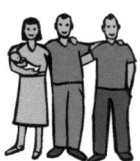

叔叔

wɔfa

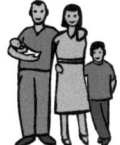

兄弟

nua barima

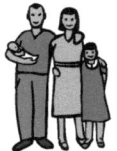

姐妹

nua baa

身体

nipadua

前额
moma
眼睛
ani
肩膀
abɛtire
手指
nsatea
脸
anim
下巴
apantan
手
nsa
腿
ɛnan
乳房
nufoɔ
手臂
nsa

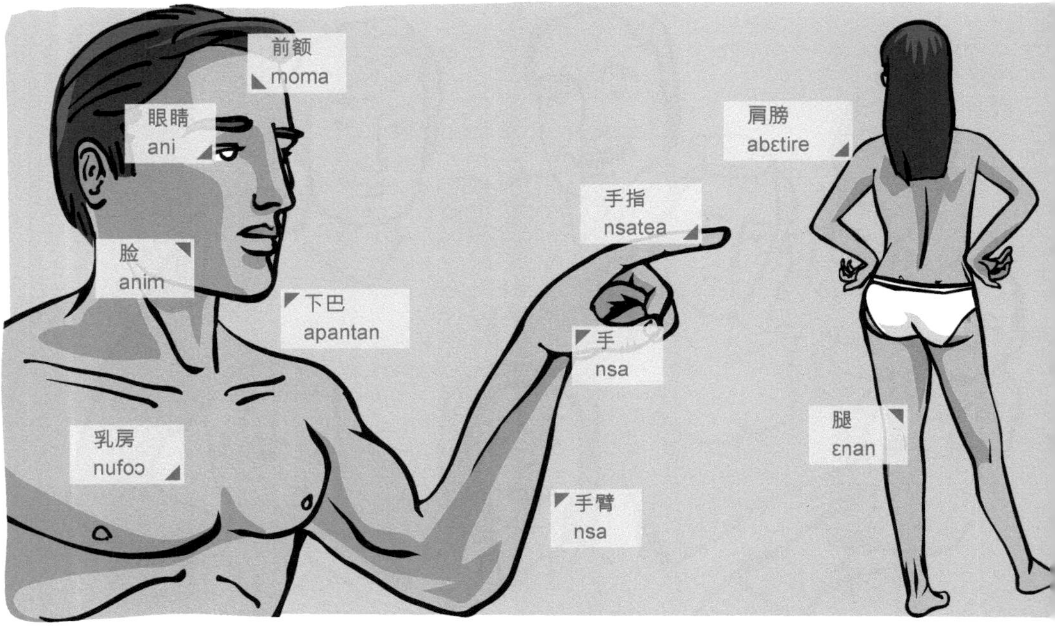

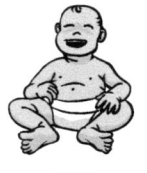

婴童

abɔdoma

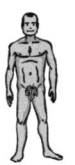

男人

barima

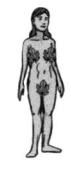

女人

ɔbaa

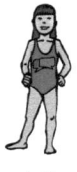

女孩

abayewa

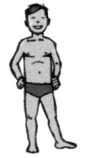

男孩

abarimawa

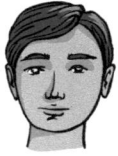

头

etire

背部
akyi

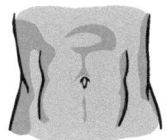

肚子
afro

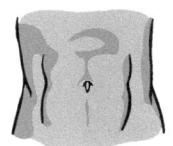

肚脐
fruma

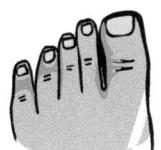

脚趾
nansoa

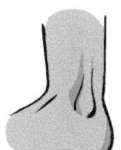

脚后跟
nantini

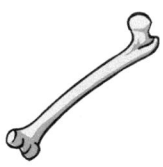

骨头
dompe

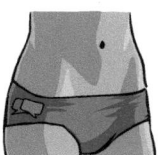

臀部
ɔtaasɔɔ

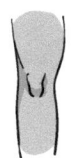

膝盖
kotodwe

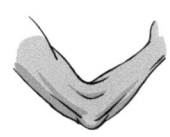

手肘
abatwɛ

鼻子
ɛhwene

屁股
cotɔ

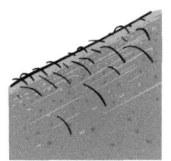

皮肤
wedeɛ

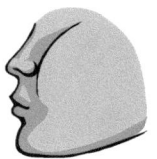

脸颊
afono

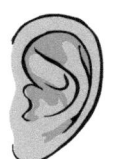

耳朵
aso

嘴唇
ano

嘴
anom

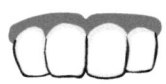

牙齿
ɛsee

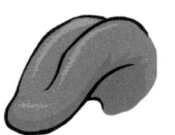

舌头
tɛkyerɛma

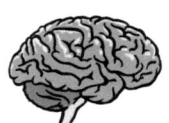

脑
adwene

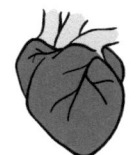

心脏
akoma

肌肉
ntini

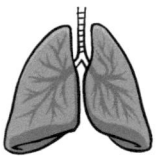

肺
aharawa

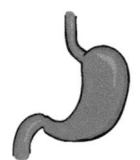

肝脏
brɛbɔɔ

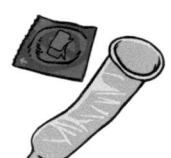

胃
yafunu

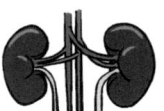

肾脏
asaa

性交
nna

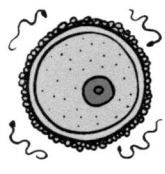

避孕套
kɔndɔm

卵子
ɔbaa nkosua

精子
barima ho nsuo

怀孕
nyinsɛn

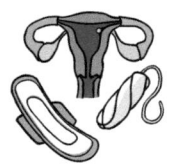

月经

nsabuo

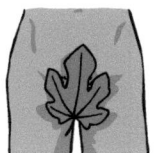

阴道

ɛtwɛ

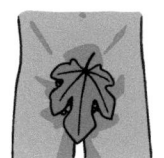

阴茎

kɔteɛ

眉毛

anintɔn

头发

enwin

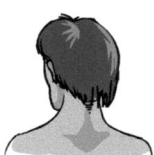

脖子

ɛkɔn

医院

ayaresabea

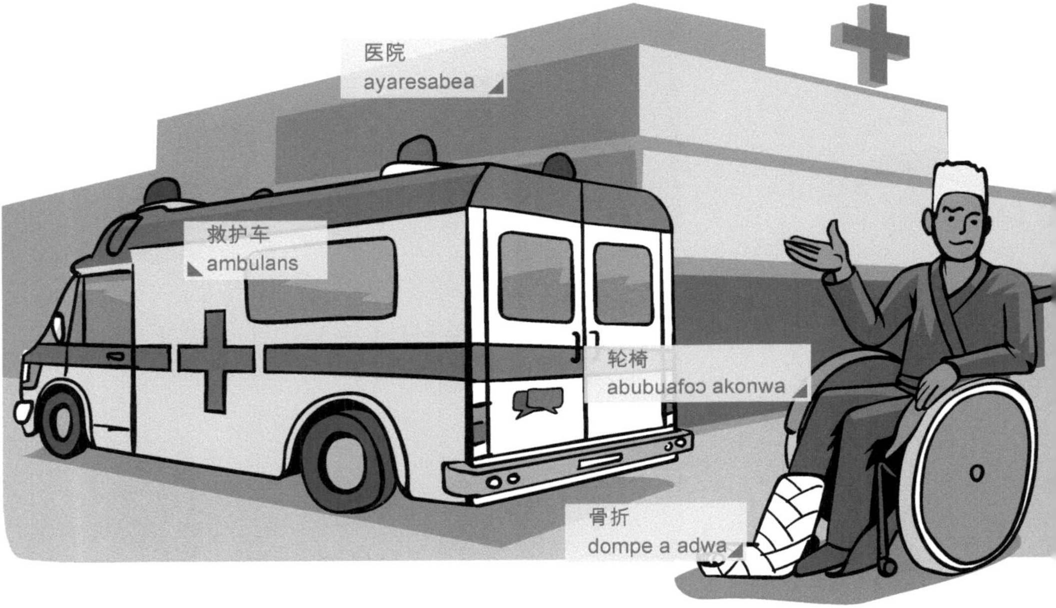

医院
ayaresabea
救护车
ambulans
轮椅
abubuafoɔ akonwa
骨折
dompe a adwa

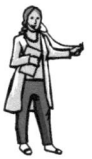

医生

dɔkota

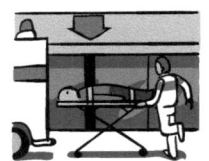

急诊室

ɛdan a wɔde putupru nsɛm kɔmu

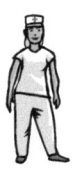

护士

nɛɛse

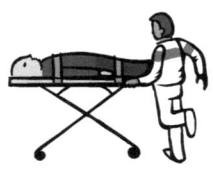

紧急情况

putupru

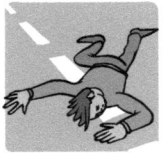

昏迷

wɔ atwa ahwe

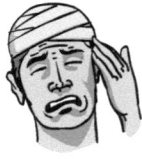

痛

yea

受伤

epira

出血

mogyatuo

心脏病发作

akoma yarenini

中风

stroke yareɛ

过敏

allegyi

咳嗽

ɛwa

发烧

ahoɔhyeɛ

流感

papu

腹泻

ayamtuo

头痛

tipaeɛ

癌症

kokoram

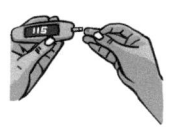

糖尿病

asikyire yareɛ

外科医生

dɔkota a ɛyɛ oprehyɛn

手术刀

skapɛl sekan

手术

aprehyɛn

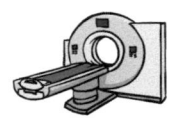

CT

CT

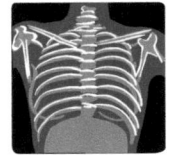

X光

x-ray

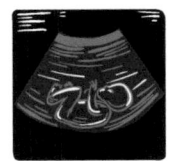

超声波

ultrasound

口罩

nkatanim

疾病

yareɛ

候诊室

ɛdan a wɔ twɛn mu

拐杖

krɔhyes

石膏

plasta

绷带

banege

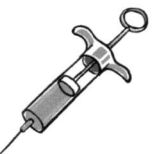

注射

paneɛ

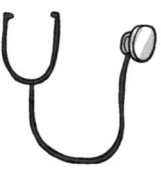

听诊器

Stetoskop

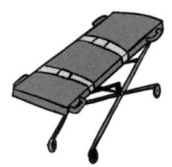

担架

ahomankaa

体温计

afidie a esusu ahoɔhyeɛ

出生

awoɔ

超重

kɛseɛ mmorosoɔ

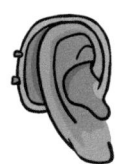

助听器

afidie a ɛboa asɛmtie

消毒液

aduro a ekum mmoawa

感染

yareɛ a mmoawa deba

病毒

vaarɔs

艾滋病

HIV / AIDS

药物

aduro

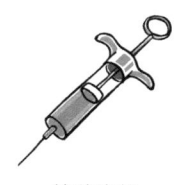

接种疫苗

aduro a esi yareɛ ano

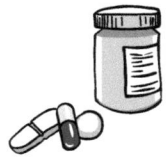

药片

aduro tablɛte

药丸

topaeɛ

急救电话

ɔfrɛ wɔ putupru so

血压计

afidie a esusu mogya mmrosoɔ

生病/健康

yareɛ / apomuden

救命！
Boa me!

警报
kɔkɔbɔ

突击
ɛborɔ

攻击
ato ahyɛ obi so

危险
ɛyɛ hu

紧急出口
baabi a yɛfa de pue putupru
so

着火啦！
Ogya!

灭火器
afidie a yɛde dumgya

意外
nkwanhyia

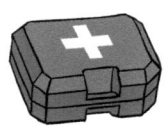

急救箱
nneɛma yɛde sɔ yareɛ ano

呼救信号
SOS

警察
polisi

欧洲

Yuropo

北美洲

Amerika atifi

南美洲

Amerika ananfɔɔ

非洲

Abiberm

亚洲

Asia

澳洲

Australia

大西洋

Atlantik

太平洋

Pasifek

印度洋

India po kɛseɛ

南冰洋

Antaatek po keseɛ

北冰洋

Aatek po kɛseɛ

北极

Ewiase atifi

南极

Ewiase anaafɔ

南极洲

Antaatek

地球

Ewiase

陆地

asaase

海

ɛpo

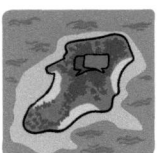

岛

supɔ

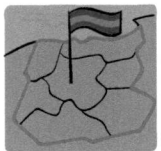

国家

ɔman

国家

ɔman

钟面

klɔko no anim

时针

dɔnhwere nsa no

分针

sima nsa

秒针

anitɛtɛ nsa no

现在几点？

Abɔ sɛn?

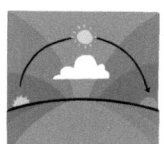

天

da

时间

berɛ

现在

seeseiara

电子表

wkye a nɔma wɔ so

分

sima

时

dɔnhwere

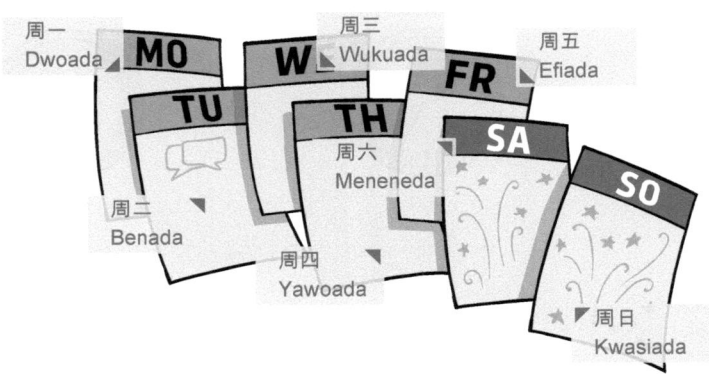

周一 Dwoada
周二 Benada
周三 Wukuada
周四 Yawoada
周五 Efiada
周六 Meneneda
周日 Kwasiada

昨天

ɛnora

今天

ɛnora

明天

ɔkyina

早晨

anɔpa

中午

prɛmtobrɛ

晚上

anwumerɛ

MO	TU	WE	TH	FR	SA	SU
1	2	3	4	5	6	7
8	9	10	11	12	13	14
15	16	17	18	19	20	21
22	23	24	25	26	27	28
29	30	31	1	2	3	4

工作日

adwuma nna

MO	TU	WE	TH	FR	SA	SU
1	2	3	4	5	6	7
8	9	10	11	12	13	14
15	16	17	18	19	20	21
22	23	24	25	26	27	28
29	30	31	1	2	3	4

周末

nnawɔtwe awieɛ

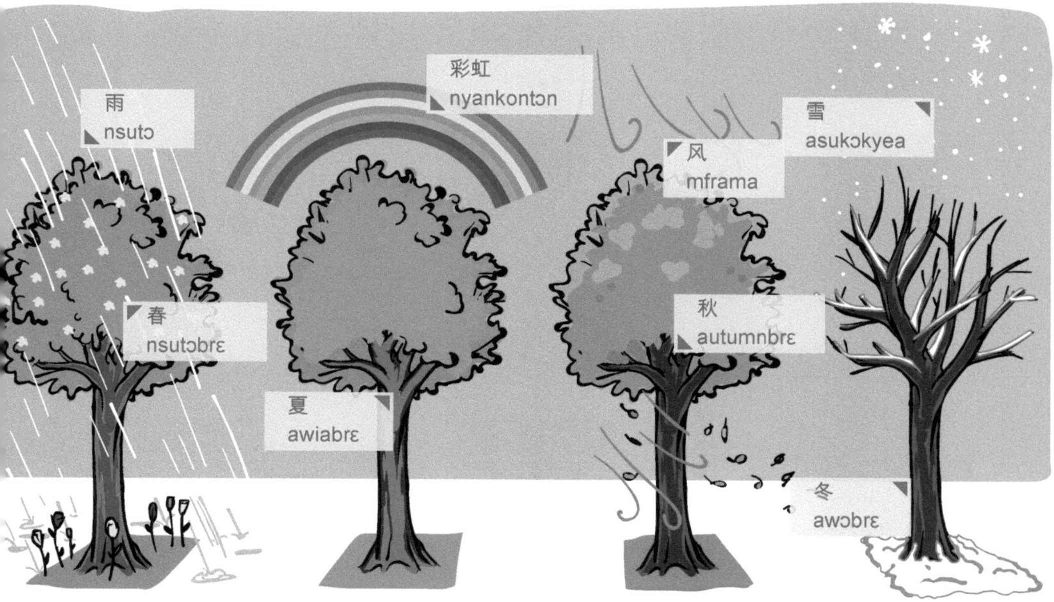

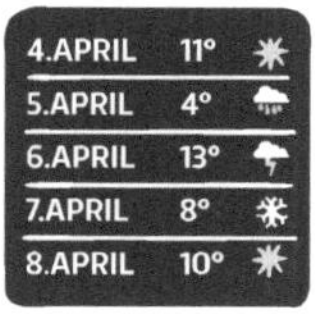

雨
nsutɔ
彩虹
nyankontɔn
雪
asukɔkyea
风
mframa
春
nsutɔbrɛ
秋
autumnbrɛ
夏
awiabrɛ
冬
awɔbrɛ

4.APRIL 11°
5.APRIL 4°
6.APRIL 13°
7.APRIL 8°
8.APRIL 10°

天气预报

ewiem nsakrɛɛɛ

F C
120 40
30
90 20
60 10
30 0
0 -10
-30 -20

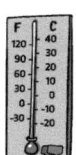

温度计

afidie a esusu ade ho hyeɛ

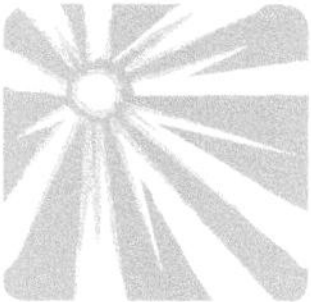

阳光

awiabɔ

云

munukum

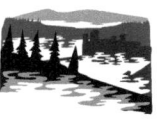

雾

ɛbɔ

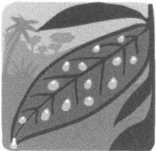

潮湿

ewiem nsuo

闪电

ayerɛmo

打雷

apranaa

风暴

ehum

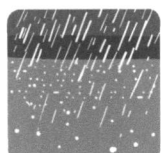

冰雹

asukɔkyea

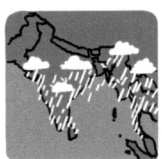

季风

monsoonbrɛ

洪水

nsuyiri

冰

aise

一月

ɔpɛpɔn

二月

ɔgyefoɔ

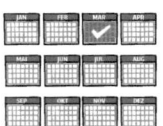

三月

ɔbɛnem

四月

Oforisuo

五月

Kotonimaa

六月

Ayɛwohomumu

七月

Kitawonsa

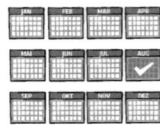

八月

ɔsanaa

年 - afe

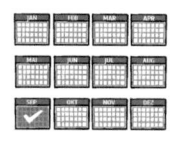

九月
....
ɛbɔ

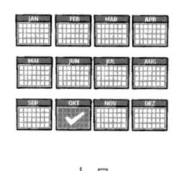

十月
....
Ahinime

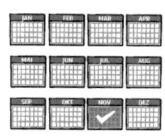

十一月
....
Obubuo

十二月
....
ɔpɛnimaa

形状
abosuo

圆形
....
kanko

正方形
....
sokwɛɛ

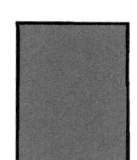

长方形
....
rɛktangel

三角形
....
triangel

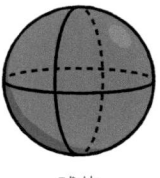

球体
....
krukruwa

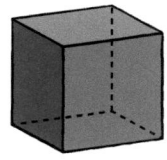

立方体
....
adaka

形状 - abosuo

白

fitaa

黄

akokɔ sradeɛ

橙

ankaa

粉

pink

红

kɔkɔɔ

紫

pɛpol

蓝

bruu

绿

ahaban mono

棕

braun

灰

nson

黑

tuntum

很多/少许

pii / ketewa

生气/平静

wo boafu / wɔ adwo

美/丑

ɛyɛ fɛ / ɛyɛ tan

首/尾

ahyɛseɛ / awieɛ

大/小

kɛseɛ / esua

明/暗

ɛha / esum

兄弟/姐妹

nuabarima / nuabaa

干净/肮脏

ɛho te / ayɛ fin

完整/缺失

awie / enwieɛ

白天/晚上

awia / anadwo

死/生

awu / ɛte ase

宽/窄

emubae / ɛyɛ tea

可食用/非食用

yɛde /yɛnni

邪恶/善良

bɔne / tema

兴奋/无聊

wɔ aniagye / wɔ ani nka

胖/瘦

ɔsɔ / teatea

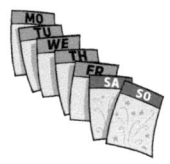

第一/最后

edikan / etwatɔɔ

朋友/敌人

adamfoɔ / atamfo

满/空

ayɛ mma / hwee nim

硬/软

ɛdenden / mmerɛ mmerɛ

重/轻

ɛyɛ duru / ɛyɛ ha

饿/渴

ɛkɔm / nsukɔm

生病/健康

yareɛ / apomuden

非法/合法

etia mmara / ɛwɔ mmara mu

聪明/愚笨

nyansa / gyimi

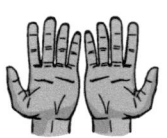

左/右

benkum / nifa

近/远

ɛbɛn / akyire

新/旧

foforɔ / dada

没有/有些

hwee / biribi

老/幼

wɔ anyini/ ɔsua

开/关

sɔ /dum

打开/合上

bue / tom

安静/吵闹

dinn / dede

富/穷

ɔdefoɔ / ohia

对/错

nifa / benkum

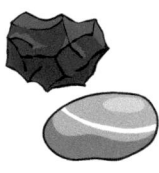

粗糙/光滑

werewerɛwerewerɛ /
trontron

伤心/高兴

awerɛhoɔ / anigyeɛ

短/长

tietia / tenten

慢/快

nyaa / ntɛm

湿/干

afɔ / cfa

温暖/凉爽

dedɛɛdeɛɛ ɛɛbɔɔbɔ / adwo

战争/和平

akooɔ / asomdweɛ

0

零

hwee

1

一

baako

2

二

mienu

3

三

meɛnsa

4

四

ɛnan

5

五

enum

6

六

nsia

7

七

nson

8

八

nwɔtwe

9

九

nkron

10

十

edu

11

十一

du-baako

12
十二
du-mienu

13
十三
du-mɛɛnsa

14
十四
du-nan

15
十五
du-num

16
十六
du-nsia

17
十七
de-nson

18
十八
du-nwɔtwe

19
十九
du-nkron

20
二十
aduonu

100
百
ɔha

1.000
千
apem

1.000.000
百万
ɔpepem

英语
Brɔfo

美式英语
Amerikafoɔ Brɔfo

普通话
Chainfoɔ Mandarin

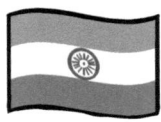

印地语
Hindi

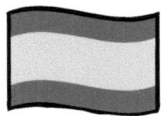

西班牙语
Spainfoɔ kasa

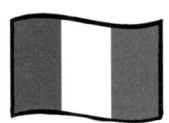

法语
French kasa

阿拉伯语
Arabia kasa

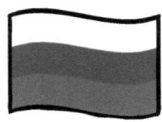

俄语
Russianfoɔ kasa

葡萄牙语
Portugalfoɔ kasa

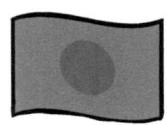

孟加拉语
Bengali

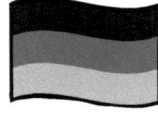

德语
Germanfoɔ kasa

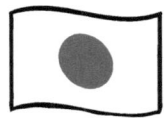

日语
Japanfoɔ kasa

我

Me

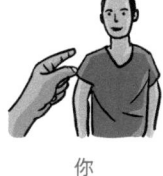

你

wo

他/她/它

ono

我们

yɛn

你们

wo

他们

ɔmmo

谁？

hwan?

什么？

deɛ bɛn?

怎样？

ɛyɛ deɛn?

哪里？

ehen?

什么时候？

dabɛn?

名字

edin

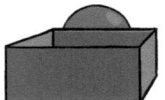

后面

akyire

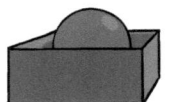

里面

emu

前面

anim

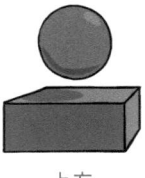

上方

εsoro

上面

εso

下面

asεε

旁边

nkyεn

中间

ntεm

地点

beaε